LES

FAISEURS DE COUPS D'ÉTAT

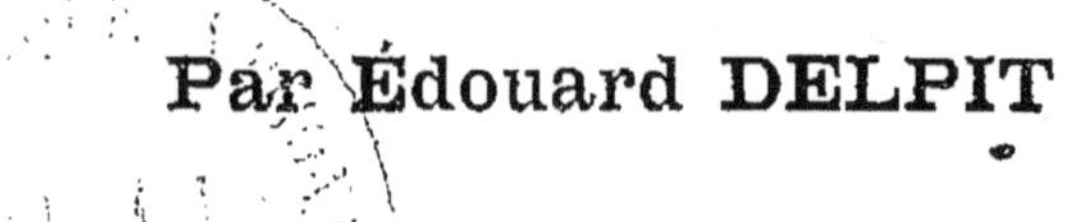

Par Édouard DELPIT

PARIS

PHILIPPE REICHEL

Librairie centrale Française & Étrangère

5, RUE DE TOURNON, 5

—

1877

LES

FAISEURS DE COUPS D'ÉTAT

LES

FAISEURS DE COUPS D'ÉTAT

Par Édouard DELPIT

PARIS

PHILIPPE REICHEL

Librairie centrale Française & Étrangère

5, RUE DE TOURNON, 5

—

1877

LES
FAISEURS DE COUPS D'ÉTAT

Est-il vrai que les coups d'État traînent à leur suite des maux sans nombre ?

Est-il vrai que les magasins se ferment, que les ateliers se vident, que les usines s'arrêtent, que la banqueroute vient ?

Est-il vrai que le sang coule, que les pontons regorgent de monde ?

Est-il vrai que les coups d'État sont des coups de force où la vie, la fortune, la liberté de chacun risque d'être compromise ?

D'autre part :

Est-il vrai que, seul, le peuple en souffre, que les classes laborieuses, qui pour manger demain ont besoin de travailler aujourd'hui, en sont les premières victimes ?

Est-il vrai que le bourgeois, le noble, le prêtre ne va pas prendre les pavés et faire des barricades ?

Si tout cela est vrai, — et personne n'oserait soutenir le contraire, — quelle effroyable responsabilité doit peser sur les faiseurs de coups d'État !

Quoi ! le peuple est tranquille, le travail fécond, la fortune publique solidement assise. On n'entend, — pareil au sourd bourdonnement d'une ruche, — que le bruit d'une nation à l'ouvrage. Et tout d'un coup les canons éclatent, le sang est versé ; partout la désolation, les cris d'angoisse, les appels désespérés des femmes et des mères. L'étranger s'enfuit. Il ne reste en France que des Français dont les uns vont tuer ou emprisonner les autres.

Et tout cela, parce que tel a été le bon plaisir d'un homme !

Quel nom donner à cet homme, et qui reprochera au peuple de le vouer à une éternelle exécration ?

Par malheur, le peuple a ses générosités, parce qu'il a ses ignorances.

S'il savait parfois où s'il pouvait voir comme on le trompe, comme on se joue de ses emportements pour s'en faire de la gloire, de ses besoins pour s'en faire un piédestal ; comme on le secoue et comme on le mène pour atteindre, par lui, la proie dont il n'aura rien ; s'il savait ou s'il voyait les fortunes dont il est la cause, sans en connaître jamais les effets, il demanderait des comptes terribles à de certains hommes.

Mais il n'a pas le temps de regarder, d'écouter, de lire. Il a sa vie à gagner, et c'est bien le moins qu'après avoir peiné tout le jour, il dorme toute la nuit.

Eh bien ! qu'on lise donc pour lui, qu'on écoute et qu'on regarde.

Après cela, s'il s'obstine dans ses préférences, libre à lui !

Sait-il seulement qui a fait le coup d'Etat de 51 ? Il croit — comme on le croyait hier — que c'est Louis-Napoléon. Pourquoi ne pas lui crier : Mensonge ! L'auteur du coup d'État vient de se révéler. Il vient, non d'en faire son *mea culpa*, mais de s'en glorifier. La vieille légende, — car nous vivons si vite que la légende n'attend pas vingt années pour naître et vieillir, — la vieille légende a fini son temps. L'homme de Boulogne et de Strasbourg n'est plus l'homme du 2 Décembre. L'empereur mort n'a pas eu de compte à rendre à Dieu des fusillades du boulevard Montmartre. Celui dont pendant près d'un quart de siècle on ne put empêcher la réelle grandeur, mais qu'on s'efforça de rapetisser en lui jetant — non à la face, il eût châtié — mais par derrière, son forfait de 51, celui-là même auquel les républicains pardonnent Sedan qui leur apporta le pouvoir et reprochent le 2 Décembre qui le leur ôta, celui-là n'est pas l'auteur du 2 Décembre. Il a tiré parti d'une situation lamentable, il ne l'a pas créée.

L'aveu tombe de haut, il est précieux à recueillir.

Celui qui trace ces lignes n'a pas l'honneur d'être bonapartiste. Il tient qu'un principe seul peut sauver la France; or, il n'en connaît que deux :

La République, ou le pouvoir aux mains d'un président élu;

La légitimité, ou l'hérédité dynastique, la transmission régulière du trône.

Entre ces deux principes, il n'y a pas de place pour un système mixte, qui emprunterait à l'un l'hérédité, à l'autre l'élection.

Napoléon III s'explique, Napoléon IV ne se comprend pas.

Napoléon III a pris le pays et l'a gardé vingt ans. Si Napoléon IV est de même taille, qu'il fasse la même chose, mais par droit de conquête, non par droit de naissance.

Donc, il est loisible à chacun de ne pas admettre le système impérial. De là à prendre part aux accusations passionnées, aux calomnies qui, depuis le 4 septembre, remplissent les colonnes d'une certaine presse, il y a loin. Que sera-ce donc, lorsqu'on vient de réduire à néant l'accusation la plus grave, la calomnie la plus injurieuse !

Depuis l'âge de raison, l'on nous a mis au cœur la haine du coup d'Etat. Même au temps de la toute-puissance de l'Empereur, ses amis n'osaient guère rappeler cette époque. Oui, le prince-président sauvait la société, il faisait de l'ordre, mais il avait violé la Constitution. Et que de massacres, grand Dieu! que de fusillades! que de femmes tuées, d'enfants assassinés! que de sang sur la pourpre impériale! C'était à faire frémir.

Seulement, nous ne savions absolument rien de ce qui s'était passé.

L'histoire s'est refaite, la vérité a repris ses droits, et cela sous la plume d'un si haut écrivain que tous doivent s'incliner quand ce génie a parlé.

Depuis un mois circule un livre dont l'auteur a dit : « Il est plus qu'actuel, il est urgent. »

Ce livre a eu la fortune de toutes les œuvres signées du même nom; il a pris son essor dans le domaine de la publicité et peu d'hommes, si on les interrogeait, consentiraient à ne pas savoir ce que c'est que l'*Histoire d'un crime.*

L'*Histoire d'un crime*, ce n'est pas le coup d'Etat de 51 raconté par un témoin oculaire. C'est plus et moins, comme dirait l'auteur : c'est l'histoire de la société en face d'un homme.

La société râlait, l'homme s'appelait Victor Hugo !

La société était au comble de ses épreuves, Victor Hugo à l'apogée de sa gloire. L'une avait les appréhensions, les craintes, les épouvantements ; l'autre, sa lyre en main, marchait dans les astres. — Et ce n'est pas pour rien que les astres sont d'or.

Soudain, il y eut ce coup de théâtre : la société respirant à pleins poumons, l'homme hurlant ses malédictions sur le rocher d'exil.

D'où cette conclusion tirée par le poète : la société est morte, je prétends la venger.

Et alors le barde accorda sa lyre.

Or, savez-vous ce qu'il a prouvé ? C'est que lui et ses collègues de la gauche — lui surtout — sont les seuls auteurs des exécutions de 51.

Le peuple était immobile, ils l'ont remué.

Le peuple refusait de se battre, ils ont flagellé sa somnolence, l'ont traité de lâche, et, bon gré mal gré, l'ont traîné aux barricades.

Seul dans un omnibus, Victor Hugo a crié : à bas les traîtres ! devant la troupe.

Bref, sans lui, sans eux, pas un homme ni un pavé debout, pas un coup de fusil.

Membre de l'Assemblée nationale, pendant que ses collègues de la droite allaient en prison, le chantre du duc de Bordeaux a préféré mettre aux mains du peuple l'arme redoutable des révoltés. Et comme il n'y avait pas encore de sang répandu, sa dignité l'empêchait de disparaître avant que les ruisseaux se fussent emplis du sang... des autres.

Et alors, aux armes, citoyens ! aux barricades ! Honte à qui ne meurt pas ! Sinon que deviendrais-je ? Comment écrirais-je les *Châtiments*, cette merveille, et que diraient de moi mes collègues emprisonnés ? Tous des réactionnaires, des députés de la droite ! Libre à eux de se laisser incarcérer sans vous faire tuer ; moi je trouve plus grand de vous faire tuer sans me laisser incarcérer.

En vérité, c'est lui qui le dit, je n'invente rien ; cela est tout au long dans les pages de son livre.

— Qu'espérez-vous ? lui demande Proudhon.

— Rien.

— Et que ferez-vous ?

— Tout.

Ailleurs : — Qui voulez-vous qui soit debout, s'écrie-t-il, si le faubourg Saint-Antoine est à terre ! qui sera vivant, si le peuple est mort ?

Ailleurs : — Je compris que c'en était fait de ce côté et que nous n'avions rien à en attendre. Le peuple, cet admirable peuple, s'abandonnait.

Un ouvrier lui fait observer « qu'on se battrait peut-être, mais que ce qui gênait, c'est qu'*on ne savait pas bien pourquoi !*

Il y a de cela vingt-cinq ans. Bien des hommes sont morts sur les barricades de 51, *sans savoir pourquoi*; Victor Hugo est resté... pour les chanter, c'est vrai... mais enfin cela ne les ressuscite pas.

Je me disais en lisant ce livre : Par quelle singulière aberration de l'esprit humain fait-on un crime au prince-président d'avoir chargé des canons dont Victor Hugo a seul allumé la mèche ? d'avoir armé des fusils dont Victor Hugo a seul pressé la détente ? Ce n'est pas Louis Napoléon, c'est Victor Hugo qui a fait le coup d'État. Il le dit, il le proclame, il en tire vanité. Pourquoi ce sous-titre à l'*Histoire d'un crime* : déposition d'un témoin ? Il fallait dire : déposition de l'auteur.

Mais alors que deviennent toutes les théories humanitaires du poète, toute la sombre fantasmagorie du bagne et de la fusillade ? Pourquoi pleurer ce qu'on a voulu ? Pourquoi maudire ce qu'on a cherché ?

Naguère, quand on évoquait la figure de l'empereur mort, elle apparaissait lugubre et maculée de sang. Aujourd'hui quelle raison y a-t-il de l'accuser ? Il s'est défendu et — soyons justes — il nous a défendus.

Qu'il fût hors la loi en violant l'Assemblée nationale, soit ! mais étaient-ils donc dans la loi ceux qui mirent les armes aux mains du peuple ? Un homme dont le fils vient d'être assassiné a-t-il le droit de tuer l'assassin ? L'assemblée violée pouvait — c'est ce que fit la droite — protester, proclamer la déchéance, mais elle devait borner là sa résistance, et, s'enveloppant aux plis de sa toge parlementaire, mourir comme César au sein du sénat romain.

Victor Hugo ne l'a pas voulu.

L'on ne saurait trop insister sur l'attitude du peuple et sur celle des représentants républicains pendant cette triste période de convulsions politiques.

Un sculpteur sur bois sans ouvrage, nommé Girard, venant de la rue, entre tremblant chez Victor Hugo.

— Eh bien! lui demande le poète, que dit le peuple?

— C'est ma conviction, *le peuple adhère.*
Voilà la réponse.

Pour les partisans du mandat impératif, était-il besoin de rien de plus? Pour ceux qui font résider dans les foules toute sagesse et toute science, de quel droit leur donner des conseils et des ordres?

Et pourtant : — Le peuple est attaqué, *il faut* que le peuple se défende, crie-t-il à des ouvriers.

Et plus loin : — Adjurons-le de se défendre. Au besoin, *ordonnons-le lui.*

En faut-il davantage, et des exemples plus nombreux prouveront-ils plus?

Qu'est-ce qu'un représentant? C'est l'intermédiaire entre la nation et le pouvoir; c'est le défenseur de l'une, quand l'autre empiète sur ses droits. Mais en vertu de quelle théorie pourra-t-on soutenir que, la nation et le pouvoir étant d'accord, les représentants ont pour mission de troubler cet accord?

C'est cependant là le rôle invariable des gauches. Elles vont, pervertissant le peuple, lui faisant prendre le change à l'aide de mirages trompeurs, l'agitant s'il est calme, le surexcitant s'il est agité, et le faisant mitrailler dès qu'il est surexcité.

Elles sont les seules instigatrices des coups d'Etat, et n'ont même pas pour excuse d'en être les instigatrices inconscientes, puisqu'elles y cherchent leur intérêt. On prétend qu'un pouvoir autoritaire vit des sueurs du peuple; ne peut-on pas dire, avec plus de raison, qu'une dictature républicaine vit du sang de la nation?

Avec quelle insouciance elle attente à la vie humaine! S'ils mouraient, du moins, ceux qui envoient les autres à la mort! Dans le nombre des victimes de 51, combien de représentants?

Un! Baudin. Et Baudin, par une déplorable ironie du sort, était le seul qui eût déclaré intempestive l'heure choisie pour ‘dresser la barricade.

Deux crimes ont été commis en 51 : la représentation nationale a été violée, les rues ont été ensanglantées. A notre avis, l'un couvre l'autre, et le sang versé nous empêche de voir l'écharpe déchirée. Nous ne prétendons pas atténuer le premier crime, mais il n'est rien en comparaison du second. Cela est si vrai que, lorsqu'on inculquait à notre génération la haine du 2 Décembre, on ne lui disait pas : « Il faut mépriser le parjure » ; on lui criait, et même on lui chantait : « Il faut conspuer l'assassinat. »

Qui donc le rendait inévitable, cet assassinat? Qui donc ameutait la foule, et dans quel but? Ne sait-on pas ce qui sort fatalement d'une collision, et le fusil, dans la main de l'ouvrier, a-t-il des propriétés moins meurtrières que dans la main du soldat?

La vie du soldat vaut bien celle de l'ouvrier.

Si l'on commande à celui-ci de marcher, à celui-là de ne point reculer, il y a toutes les chances du monde pour qu'ils se rencontrent, et, dans de pareils cas, charité bien ordonnée commence par les autres.

Exiger que le soldat se laisse tuer sans coup férir, c'est peut-être trop demander à l'esprit de sacrifice.

On l'exige pourtant et cela se conçoit.

Par les temps de liberté, n'est pas citoyen qui veut. Le citoyen commence à l'urne et finit à la barricade. Or, le citoyen est chose sacrée ; lui seul a droit, vivant, au respect, mort, à la commisération.

Les philanthropes qui élargissent les frontières de la patrie jusqu'à rêver la patrie universelle, parquent chez nous les trois quarts de la nation dans des cantonnements fixes d'où il y a défense expresse de sortir. Vous qui êtes là, laissez-y toute espérance.

Alors les trois quarts de la nation crient à la tyrannie d'en bas et regardent en haut, vers leur défenseur naturel, le gouvernement.

Celui-ci peut-il hésiter? Le doit-il même? Sa première mission, sa tâche la plus sacrée n'est-elle pas de veiller au salut public? Il y aurait forfaiture à refuser d'entendre l'appel du pays, de maintenir l'ordre, de réprimer les cris tumultueux dans la rue, à plus forte raison les descentes armées des foules.

Quel que soit l'objet de leurs revendications, sitôt que les foules se dressent menaçantes, sitôt qu'elles délaissent le travail pour usurper un rôle militaire, le gouvernement se trouve en face d'ennemis. Il n'a pas le droit de céder à cette force criminelle; il doit l'écraser pour le salut de l'ordre et de la société.

Dans un pays civilisé, le peuple, protégé par la loi, a son recours en elle, quand il se croit lésé; mais il n'a que faire pour cela de fusils et de munitions.

Le droit insurrectionnel, proclamé par les révolutionnaires le plus saint des devoirs et le dernier mot du progrès, ne peut exister que chez les peuples barbares.

Ceux-là, aucune loi ne les régit, hors la loi du plus fort.

Mais dans une nation policée, l'existence du droit insurrectionnel est inadmissible. Tous ces hommes qui descendent dans la rue, n'y descendent pas au nom du même principe. Ils n'obéissent point aux mêmes sentiments. Les uns — c'est le très-petit nombre — sont sin= cères au fond du cœur. Ils croient que leur sang versé va profiter à leur cause ; comme ils ne sont pas des lâches, ils le versent hardiment, honnêtement. Mais les autres ? Ceux pour qui la question sociale se résout par le vol et le pillage! Quelle séduisante occasion de faire, librement et le front haut, ce qu'ils ne peuvent réussir par les temps calmes ! Ils se servent du droit insurrectionnel comme les bandits italiens de leurs montagnes pour se dérober à la main des gendarmes. L'Italie fait traquer et fusiller ses bandits ; pourquoi la France, dans un même cas de légitime défense, n'en pourrait-elle pas faire autant ? Ne se souvient-on plus du nombre des repris de justice ou des forçats servant, en 1871, dans les rangs des fédérés ?

Et l'on veut que le pays, la masse entière de la nation, se courbe devant quelques mil-

liers d'hommes, son écume et sa honte, ameu-
tés par des tribuns ambitieux ! On veut que la
France se laisse dicter des arrêts, se laisse fou-
ler aux pieds, elle, ses lois, son repos, son
gouvernement, son honneur, ses principes
religieux, sociaux et moraux ! On veut qu'elle
regarde en souriant l'émeute et lui dise : Tes
appétits sont contre nature, mais tu as du sang
français dans les veines, le gouvernement doit
te respecter !

Ah ! s'il en était ainsi, comme le disait naguère une bouche éloquente : pauvre France !
pauvre peuple !

Oui, le sang français répandu, même celui des
plus indignes, remue toutes les fibres du cœur ;
les guerres civiles sont chose atroce, et pour
mettre le calme dans la rue, il faut faire vio-
lence à ses sentiments ; mais le devoir parle
plus haut que le sentiment, et l'homme sur qui
pèse le fardeau du pouvoir a charge d'âmes ; il
répond de tous à tous.

La gauche — celle d'il y a vingt-cinq ans
comme celle d'aujourd'hui — a beau faire : le
pouvoir, pour rester le pouvoir, doit être la

force. S'il est usurpé, comme en 51, la force prime le droit, et l'on voit alors les vrais représentants de ce droit, ou la droite, — c'est toujours la même chose, — se sacrifier, *eux*, à leurs principes; mais on ne les rencontre pas dans les ruelles des faubourgs, attisant l'incendie, soufflant sur les passions mauvaises et faisant des autres le tremplin de leur ambition aux abois.

Si le pouvoir n'est pas usurpé, comme en 1877, la force et le droit s'incarnent dans un seul homme, et l'on voit la droite se grouper autour du pouvoir et le soutenir.

Toujours et partout, la droite paie de sa personne, toujours et partout, la gauche paie de la monnaie du peuple. L'une se donne sans compter, l'autre compte sans se donner; l'une apaise pour empêcher, l'autre brouille pour pêcher; et, dans toute cette eau trouble que font toutes nos agitations ? L'une cherche la patrie qui se noie, l'autre les bénéfices qui émergent.

Les temps lamentables où nous vivons en sont bien la preuve.

Les faiseurs du coup d'Etat de 51 sont encore

là. Les voici debout dans l'arène politique. Mêmes appétits, mêmes colères, mêmes procédés. Seulement, ils ne se sentent pas menacés comme alors, et se montrent plus audacieux. Ils veulent imposer au pays leur volonté, n'admettent pas le contrôle, n'admettent même pas le cas de légitime défense, et font publiquement appel à l'insurrection.

A quoi se résoudra le peuple? Va-t-il les écouter encore?

Hélas! qu'il en retirerait peu de fruits!

Il n'en retirerait pas la fortune, puisqu'il y aura le partage.

Il n'en retirerait pas la paix, puisqu'il y aura l'amnistie.

Il ne garderait même pas la possibilité du travail, puisque les capitaux passeront à l'étranger.

Les temps de révolution ne sont pas favorables au peuple. Qu'on en cite un — un seul — qui lui ait été profitable! Quand y a-t-il rien gagné?

Est-ce en 93?

Le peuple souverain était pieds nus, en haillons et sans pain.

Est-ce en 48 ?

Les utopies phalanstériennes n'ont eu qu'un résultat : faire rire le monde entier.

Est-ce en 70 ?

Il s'est donné le pouvoir qui lui plaisait, et ce pouvoir l'a envoyé mourir à outrance, ayant aux pieds des semelles de carton, aux mains des fusils de brocanteur, sur le dos des vareuses de toile en plein hiver. Pour jouer la comédie du patriotisme, ce pouvoir jetait le cœur de la nation sur les champs de bataille, sans munitions, sans vivres, perdait des provinces et gaspillait l'épargne française.

Est-ce en 71, sous la Commune ?

Le peuple était maître absolu. Qu'en ont retiré les cinq cent mille ouvriers parisiens ? Quelques bandits ont pillé, saccagé, brûlé et pris la fuite ; les autres ont combattu. Maintenant ils sont ou morts ou déportés.

Après cela, c'en serait peut être assez pour ré-
fléchir et les rudes leçons de l'expérience de-
vraient, ce semble, prémunir contre tout nouvel
écart.

La France demande la paix; il serait facile
de la lui donner. Un mot de conciliation suf-
firait, tombant de la tribune parlementaire.

Si ce n'est pas le pouvoir, que veulent donc
les députés républicains ? Et si leurs revendications sont désintéressées, que réclament-ils ?

La République ?
Ils l'ont.

La liberté ?
Ils l'ont.

.La prospérité du pays ?
Ils l'auront, du jour où ils renonceront à
leurs colères.

L'avenir repose en leurs mains. Jamais la
preuve de leur puissance n'a été plus flagrante
qu'en ce moment où, pouvant faire tout le bien,
ils vont peut-être faire tout le mal.

S'ils aimaient leur pays, ils se rangeraient autour du pouvoir, au lieu de le saper. Ont-ils un homme plus grand, plus respectable, plus respecté que M. le Maréchal de Mac-Mahon à mettre à la tête de leur République?

Qu'ils nous le montrent alors!

Et si sa gloire militaire rayonne jusque dans le malheur, si son prestige en impose à l'Europe, au monde entier, si son seul nom est le gage de l'ordre au dedans, de la paix au dehors, on comprendra.

Sinon, non.

Il y a le budget à voter, l'Exposition universelle à préparer, des lois à faire pour le commerce et l'industrie; voilà, certes, un champ assez vaste ouvert au zèle de vrais patriotes. Va-t-on cesser enfin de se murer obstinément dans les questions irritantes d'une politique de représailles?

Dieu le veuille et aussi la gauche! Mais la gauche ne le voudra pas.

Elle a ses modérés qui sont poussés par les ardents et les ardents qui sont poussés par la soif, la faim et l'ambition.

Les ardents ne pourront pas laisser l'ouvrier tranquille dans son atelier, le paysan tranquille derrière sa charrue, le commerçant tranquille à son comptoir. Il faudra qu'ils excitent chez l'un le droit du salaire sans production, chez l'autre la convoitise des champs du voisin, chez l'autre l'envie d'un capital instantané, chez tous la haine du pouvoir, car le pouvoir ne peut rien donner de tout cela.

Au nom de l'égalité, ils iront tirer des bas-fonds de la société les condamnés et les flétris pour les poser en victimes.

Au nom de la fraternité, ils montreront aux affamés ceux qui peuvent manger chaque jour, aux fatigués ceux qui vont en voiture, à ceux qui n'ont rien ceux qui ont tout.

Au nom de la liberté, ils feront défense expresse à leurs adversaires de penser autrement qu'eux, à leurs concurrents de lutter contre eux, au gouvernement d'avoir des préférences.

Une fois toutes les passions excitées, toutes les colères amassées, toutes les convoitises allumées, ils feront comparaître à leur barre, sous prétexte d'enquête, la moitié de la France en face de l'autre moitié. Ils sèmeront la haine entre les citoyens. Ils feront éclore sous leurs pas la délation, le mensonge, la calomnie, et quand le peuple affolé, perdant toute notion du juste et de l'injuste, sera descendu dans la rue et se fera réprimer, ils viendront ceindre leurs écharpes et crier au coup d'État!

Qui donc l'aura fait ce coup d'État?

Eux!

EDOUARD DELPIT.

PUBLICATIONS

DE LA LIBRAIRIE CENTRALE

DE

PHILIPPE REICHEL

5, Rue de Tournon. PARIS

I. OUVRAGES ARTISTIQUES

LE LIVRE D'OR FRANÇAIS

LA

MISSION DE JEANNE D'ARC

Texte par FRÉDÉRIC GODEFROY

Lauréat de l'Académie Française et de l'Académie des
Inscriptions et des Belles-Lettres

Un beau volume grand in-8°

Illustré d'un portrait inédit de la Pucelle tiré d'un manus-
crit du xve siècle en chromolithographie, d'un frontis-
pice, de 14 encadrements en 2 teintes, frises, ornements
et culs-de-lampe xve siècle, et de 14 gravures imprimées
hors texte et en taille-douce genre camaïeu du xve siècle,

Par CLAUDIUS CIAPPORI-PUCHE

La Mission de Jeanne d'Arc est une œuvre d'art en même
temps qu'un monument national, peut-être unique dans
son genre. Le livre est inspiré par une foi ardente en les
hautes destinées de la France.

L'éditeur, l'auteur et l'artiste ont lutté à l'envi, à qui
ferait les plus grands efforts pour faire de ce livre un
chef-d'œuvre. Rien n'a été épargné pour obtenir ce résultat;

aussi laisse-t-il bien loin derrière lui tout ce qui a été fait jusqu'à ce jour en l'honneur de la vierge d'Orléans.

Ce beau volume, illustré d'une façon merveilleuse et entièrement dans le style du xvᵉ siècle, mérite vraiment le titre qu'il porte : *Livre d'Or Français.* Le crayon de l'artiste, uni à la plume savante et patriotique de l'auteur, ont fait des merveilles, et l'on sent, par l'exécution irréprochable du livre, que tous ceux qui ont eu l'honneur d'y collaborer, graveurs, imprimeurs, relieurs et autres, ont été entraînés par la beauté et l'importance de l'œuvre.

Un volume grand in-8° jésus, broché, 40 fr.
Relié richement (xvᵉ siècle) avec armes et écussons dorés
et à mosaïque, dos chagrin, plat toile, 50 fr.
Même reliure chagrin plein, 60 fr.

————

PIE IX

SA VIE ET LES ACTES DE SON PONTIFICAT

D'APRÈS DES DOCUMENTS ÉTRANGERS

Par l'Abbé GILLET

Un magnifique vol. in-8°, orné de 11 gravures et portraits hors texte, et d'un grand nombre de gravures intercalées dans le texte. — PRIX : 5 FRANCS.

————

PARIS A L'EAU-FORTE

Collection complète, formant onze volumes, grand format, édition de luxe elzévir, renfermant plus de mille eaux-fortes originales avec texte, dues aux meilleurs artistes du temps.
Chaque volume broché, 20 fr. — Les onze volumes, 220 fr.

Paris à l'Eau-forte est une publication de luxe qui laisse loin derrière elle les recherches typographiques ordinaires et les meilleures illustrations.

Les premiers artistes de Paris ont concouru à cette œuvre; quelques-uns nous ont donné leurs meilleures inspirations. Voici d'ailleurs la liste de nos collaborateurs :
Mlle Louise Abbema, MM. J. Adeline, C. Aubert, Benassit, Breton, F. Buhot, Cattelain, Champollion, Charbonnel, Chauvet, Frédéric Chevalier, Cordier, Dufour, etc.

THÉATRE ILLUSTRÉ

Le Duel aux Lanternes, de Paul Arène, avec huit eaux-fortes de Regamey, dans le texte. . . . . . 5 fr.

La Maison des Fous, de Richard Lesclide, avec quatre eaux-fortes de H. Somm, hors texte. . . 5 fr.

Le Premier Duel de Pierrot, par le Grand Jacques, avec trois eaux-fortes. . . . . 2 fr.

Pierrot en Prison, du même, avec trois eaux-fortes. 2 fr.

De Calais à Douvres, par Ernest d'Hervilly, avec une eau-forte. . . . . 1 fr.

OUVRAGES ILLUSTRÉS

Le Corbeau, d'Edgar Poë, avec six dessins de Manet, texte anglais et français, in-folio (exemplaires numérotés). . . . . 25 fr.

Le Fleuve, de Charles Cros, avec 8 eaux-fortes de Manet dans le texte (exemplaires numérotés). 25 fr.

Le Cochon, par Arsène Houssaye, avec 15 eaux-fortes de Ch. Jacques, Guérard, Fournier, Oudart, V. Ryssel, Regamey. . . . . 10 fr.

Les Cloches d'Edgar Poë, avec quatre eaux-fortes de Guérard, texte anglais et français, grand in-4°. 10 fr.

Asraël, de Villiers de l'Isle-Adam, sur papier sombre, avec eaux-fortes au blanc d'argent, par P. Chevalier. Tirage à cent exemplaires numérotés. 10 fr.

La Petite Pantoufle, de Tin-tun-Ling, lettré de la province de Chang-si, avec sept eaux-fortes originales, 2e édition . . . . 3 fr.

GRAVURES

L'Album de Paris à l'Eau-Forte, 20 gravures. . 20 fr.

Six Marines de H. Guérard. . . . . 15 fr.

Deux Pointes sèches de H. Somm. . . . . . . 10 fr.

Deux gravures : *Le Bois de Meudon, les Cocottes de la Mort*, par Guérard. . . . . 10 fr.

II. OUVRAGES POLITIQUES

OUVRAGES DU COMTE JOSEPH DE MAISTRE

ŒUVRES

Se composant des Ouvrages suivants :

CONSIDÉRATIONS SUR LA FRANCE ;

ESSAI SUR LE PRINCIPE GÉNÉRATEUR DES CONSTITUTIONS POLITIQUES ;

SUR LES DÉLAIS DE LA JUSTICE DIVINE DANS LA PUNITION DES COUPABLES, ouvrage traduit de Plutarque, avec des Additions et des Notes, et suivi de la traduction du même traité par Amyot ;

DU PAPE ;

DE L'ÉGLISE GALLICANE DANS SON RAPPORT AVEC LE SOUVERAIN PONTIFE, pour servir de suite à l'ouvrage intitulé : *Du Pape* ;

LETTRES A UN GENTILHOMME RUSSE SUR L'INQUISITION ESPAGNOLE, avec cette épigraphe : *Beaucoup en ont parlé, mais peu l'ont bien connue* (Voltaire, *Henriade*) ;

SOIRÉES DE SAINT-PÉTERSBOURG, OU ENTRETIENS SUR LE GOUVERNEMENT TEMPOREL DE LA PROVIDENCE, suivies d'un *Traité sur les Sacrifices* ;

EXAMEN DE LA PHILOSOPHIE DE BACON.

NOUVELLE ÉDITION

8 vol. in-8°. . . . . 36 fr.

LE MÊME OUVRAGE, 8 vol. in-18 jésus. 24 fr.

LETTRES & OPUSCULES INÉDITS

PRECÉDÉS D'UNE NOTICE

Par son fils le comte Rodolphe de MAISTRE

2 vol. in-8º, ornés d'un beau portrait, brochés. . .   12 fr.
2 vol. grand in-18, brochés. . . . .   7 fr.

QUATRE CHAPITRES INÉDITS

SUR LA RUSSIE

Publiés par son fils le comte Rodolphe de MAISTRE

1º LA LIBERTÉ ;	3º LA RELIGION ;
2º LA SCIENCE ;	4º L'ILLUMINISME.

Un vol. in-8º, broché. . . . .   3 fr.

OEUVRES INÉDITES

PUBLIÉES PAR LE COMTE CHARLES DE MAISTRE

Un beau vol. in-8º. .   6 fr.

.CE VOLUME CONTIENT :

I. Trois fragments sur la France. — II. Bienfaits de la Révolution. — III. Étude sur la Souveraineté. — IV. Examen d'un écrit de Jean-Jacques Rousseau sur l'inégalité des conditions parmi les hommes. — V. Réflexions sur le Protestantisme dans ses rapports avec la Souveraineté.

OUVRAGES
DE M. LAURENTIE

Ancien inspecteur général de l'Université, rédacteur en chef de
l'*Union*, etc., etc.

Histoire de France, 5e édit., 8 vol. gr. in-18. . . . 28 »»

> Dans la foule d'ouvrages sur l'histoire de France qui ont paru depuis
> trente ans, le public a trop bien distingué l'*Histoire de France* de
> M. Laurentie pour que nous ayons à la recommander.

Histoire du Consulat, de l'Empire et de la Restauration,
  2 vol. in-8°. . . . . io »»
De la démocratie et des périls de la société, grand
  in-32 . . . . i »»
De l'esprit chrétien dans les études, in-8° . . . . . 4 »»
De l'étude et de l'enseignement des lettres, in-8° 2ᵉ édi-
  tion. . . . . 6 »»
Histoire des ducs d'Orléans, 4 vol. in-8°. . . . . 24 »»
Histoire, morale et littérature, 2 vol. in-8°. — 1ᵉʳ vol.
  Historiens latins, 2e édit. — 2e vol. Fragments d'histoire,
  de morale et de littérature . . . . 14 »»
Introduction à la philosophie, 2ᵉ édition, in-8°. . 7 50
Lettres sur l'éducation du peuple, gr. in-32, 2e édi-
  tion. 1 50
Lettres à un père, sur l'éducation de son fils, 3e édition,
  grand in-32. . . . . 1 50
Lettres à une mère, sur l'éducation de son fils, 2ᵃ édition,
  grand in-32. . . . . 1 50
Liberté d'enseignement, suivie de lettres à M. Thiers,
  in-8°. 1 10
Methodus nova Instituendæ Philosophiæ, secunda édit.,
  in-32. . . . . 1 20
Papauté (la), Réponse à M. Tutcheff, conseiller de Sa
  Majesté l'empereur de Russie, grand in-32. . . . . 1 »»
Rois (les) et le Pape, brochure gr. in-8°. . . . . . 1 »»
Rome (Rome est à moi), brochure gr. in-8°. . . . . 1 »»
Athéisme (l') scientifique, brochure grand in-8°. . 1 »»
L'autorité, revue critique de la révolution politique, phi-
  losophique et littéraire (janvier, février et mars 1850),
  grand in-8°. . . . . 6 »»

VOUS ÊTES

DES BLAGUEURS

Par F. ALLANTAZ, ouvrier

A-PROPOS POLITIQUE & CONSIDÉRATIONS D'UN HOMME
DE BON SENS SUR LES ÉVÉNEMENTS ACTUELS

Brochure in-18 jésus, *franco*. . . . . 1 fr.

LORD ONE

LES

VIVANTS & LES MORTS

(PORTRAITS POLITIQUES)

PIE IX. — LE CZAR. — LE PRINCE DE GALLES.
L'EMPEREUR FRANÇOIS-JOSEPH.
LORD BYRON. — LE MARÉCHAL DE MAC-MAHON.
MAXIMILIEN. — LE COMTE DE CHAMBORD.
IGNACE DE LOYOLA. — M. DE BISMARCK.
CHARETTE SECOND.

Un beau volume in-18 jésus elzévir, franco, 3 fr. 50

Cet ouvrage, dont le succès a été si vif, est donné en
prime absolument gratuite aux abonnés de *l'Écho biblio-
graphique*. (Voir la page suivante.)

III. RECUEILS PÉRIODIQUES

L'ÉCHO BIBLIOGRAPHIQUE

GUIDE DU LECTEUR

A travers les Livres de Religion, de Philosophie, de Science et d'Enseignement

Paraissant les 5 et 20 de chaque mois

UN AN. . . . 6 FR. | SIX MOIS. . . . 4 FR.

Habituellement l'*Écho* contient : la liste des principales publications parues dans la quinzaine, des comptes rendus sérieux et impartiaux sur tous les ouvrages entrant dans le domaine de la religion, de la science, de la philosophie ou de l'enseignement, des variétés littéraires ou scientifiques, etc.

Nous continuons comme par le passé à délivrer *gratuitement* et à titre de prime le remarquable ouvrage de Lord One « Les Vivants et les Morts », portraits politiques, un beau volume in-18, elzévir, dont le prix est de 3 fr. en librairie.

LE CRÉDIT POPULAIRE

Moniteur des Banques populaires

DE LA FRANCE, DES COLONIES ET DE L'ÉTRANGER

Paraît le 1ᵉʳ et le 15 de chaque mois

Le Crédit, le Capital, la Propriété d'habitations saines mis à la disposition des travailleurs.

BUREAUX	ABONNEMENTS	
Administration et Rédaction	Un an..	2 fr.
	Six mois.	1 »
5, *rue de Tournon*, 5	**PARIS**	
A LA LIBRAIRIE CENTRALE	Le numéro.	10 c.
	Province et Étranger. . .	15 c.

Meaux. — Imprimerie CH. COCHET.

www.ingramcontent.com/pod-product-compliance
Lightning Source LLC
Chambersburg PA
CBHW061713060726
47597CB00006B/2339